SOCIÉTÉ FRANÇAISE DE SECOURS AUX BLESSÉS
DES ARMÉES DE TERRE ET DE MER

LA CROIX-ROUGE EN FRANCE ET DANS LA GIRONDE

1870-1887

ALLOCUTION

Prononcée par M. le Vicomte DE PELLEPORT-BURÈTE,
Délégué pour la 18e Région Militaire
et Président du Comité départemental de la Gironde.

A L'ASSEMBLÉE GÉNÉRALE DU 2 AVRIL 1887

> Les Gouvernements ne sauraient trop encourager les Sociétés de Secours aux Blessés, les familles ne sauraient trop les honorer, les seconder et les bénir.
>
> (Général AMBERT.)

BORDEAUX
IMPRIMERIE R. COUSSAU & F. COUSTALAT
18 & 20 — rue Gouvion — 18 & 20

1887

SOCIÉTÉ FRANÇAISE DE SECOURS AUX BLESSÉS
DES ARMÉES DE TERRE ET DE MER

LA

CROIX-ROUGE

EN FRANCE
ET DANS LA GIRONDE

1870-1887

ALLOCUTION

Prononcée par M. le Vicomte DE PELLEPORT-BURÈTE,
Délégué pour la 18e Région Militaire,
et Président du Comité départemental.

A L'ASSEMBLÉE GÉNÉRALE DU 2 AVRIL 1887

Messieurs et chers Collègues,

Le 2 décembre 1885, en m'appelant, par vos unanimes suffrages, à remplacer dans les honneurs de la Présidence l'honorable M. Paul Mestrezat, qui, pendant seize ans, n'a eu qu'une pensée à la tête, qu'un sentiment au cœur, la fidélité à la Croix-Rouge, vous avez imposé à mon activité, déjà un peu vieille, une responsabilité des plus délicates. Certain toutefois de pouvoir compter sur la bienveillance du CONSEIL CENTRAL, dont j'ai l'honneur d'être depuis 1875 le délégué dans la 18e Région militaire, ainsi que sur l'appui dévoué des amitiés si justement autorisées dont vous m'avez entouré, j'espère que le jour où je vous remettrai l'héritage d'honneur que vous m'avez donné en garde, je vous le rendrai comme je l'ai reçu, vivant, populaire et intact (*Vives et unanimes adhésions*).

Pendant l'exercice qui vient de s'écouler, les relations du CONSEIL CENTRAL avec votre Bureau ont été empreintes, en toutes circonstances, de la plus courtoise sympathie, et le haut patronage de M. le général CORNAT, commandant en chef le 18e corps d'armée, de M. DE SELVES, préfet de la Gironde, de M. DANEY, maire de Bordeaux, comme celui du reste de toutes les Autorités militaires, religieuses et civiles, ne vous a jamais fait défaut. En votre nom j'offre au Conseil central et à vos Présidents et Membres d'honneur l'expression sincère de votre respectueuse gratitude.

En 1886-87, votre Comité a fait des pertes sensibles : M. SIMON LÉVY, grand rabbin, Mme AURÉLIEN DE SÈZE, et MM. BELLEVILLE, curé de Notre-Dame, NOUGARET et LICARDIE sont décédés. M. le grand-rabbin LÉVY personnifiait dans votre Bureau et avec une rare distinction la grande et puissante Communauté Israélite Bordelaise, qui, à toutes les époques de notre histoire locale, a donné des exemples éclatants de charité et de patriotisme; M. l'abbé BELLEVILLE, notre ami à tous, était, par le cœur comme par l'esprit, le type accompli du bon pasteur; sa mort fut un deuil public; Mme Aurélien DE SÈZE honorait, dans votre Comité des Dames, l'un de ces grands noms historiques devant lesquels tous doivent s'incliner, car ils symbolisent le courage, le talent et la fidélité; MM. NOUGARET et LICARDIE, enfin, représentaient au milieu de vous, avec autant de modestie que d'utilité, l'importante corporation des entrepreneurs Bordelais.

La dette de la reconnaissance payée, permettez-moi de rappeler à vos Concitoyens ce que vous avez été sous la DÉFENSE NATIONALE, ce que vous êtes aujourd'hui, et cela pour qu'ils puissent en conclure ce que vous serez demain.

Nous en sommes venus à ce point suprême, Messieurs et chers Collègues, qu'aujourd'hui plus que jamais il faut bien prendre garde, comme le disait en 1848 M. de Lamartine, « DE NE PAS FAUSSER, DE NE PAS BRISER, DE NE PAS MÊME RACCOURCIR L'ÉPÉE DE LA FRANCE. » Saluons aussi avant tout, avec respect, cette merveilleuse puissance des Armées qui, aussi vieille que le Monde, « porte dans ses flancs la mort et la « résurrection des peuples » (1), et que les plus généreuses illusions n'ont jamais pu ni remplacer ni détruire. Oui, la mission du soldat est noble entre toutes; elle seule même est vraiment noble, car seule elle est la sauvegarde de tous les intérêts moraux et matériels des Nations. Le Prêtre ne pourrait prier, le Magistrat ne pourrait juger, le Père de famille ne pourrait veiller sur le foyer domestique, le Laboureur ne pourrait ensemencer son champ, le Maître ne pourrait de l'enfant faire un homme, l'Artiste serait impuissant à « consoler l'humanité en élevant nos âmes au-delà des orages d'ici-

(1) Mgr Freppel.

bas » (2), si le Soldat n'était prêt à combattre et à se dévouer pour tous. Le dévouement est l'essence, la destinée, l'origine et la fin du soldat. De toutes les Fondations que notre Siècle a vu éclore et se développer sous le souffle vivifiant de la solidarité Chrétienne je n'en sais pas de plus grandiose que celles qui ont pour but l'assistance au soldat, et de toutes ces touchantes manifestations de l'initiative privée, je n'en connais pas de plus respectable que l'Œuvre de la Croix-Rouge, représentée en France depuis 1866 par la **Société française de secours aux blessés militaires** (3).

Etrangère aux agitations politiques qui heureusement pour elle n'ont rien à voir dans cette grande confraternité patriotique que domine de toute sa hauteur le sentiment national le plus pur, votre Société dit à tous sans distinction de culte ou d'opinion, d'origine ou de milieu social, aux riches comme aux pauvres, aux puissants comme aux modestes, aux habitants de la ville comme à ceux de la campagne : si vous voulez la Patrie de vos Pères libre et maîtresse d'elle-même, soyez de cette grande famille du sacrifice français dont chacun des membres est toujours prêt à donner sa vie pour arracher à la mort le plus humble de ses concitoyens. Vous cherchez à ramener une paix bien désirable dans les esprits si troublés à notre époque par tant d'événements contradictoires, eh bien ! quoi de mieux pour rapprocher les cœurs,

(2) M. Daney, Maire de Bordeaux, 1887.

(3) Constatons que, dès 1743, la France avait eu la pensée généreuse de neutraliser les blessés. L'histoire rapporte en effet que le maréchal de Noailles fit signer au comte de Stain, son heureux rival, une Convention ayant pour but la protection du blessé sur le champ de bataille.

dissiper les malentendus, asseoir l'union civique sur les bases durables d'une équitable réciprocité, que de s'enrôler dans une milice qui n'a qu'un maître : la LOI; qu'un but : la FRANCE; qu'une arme : la CHARITÉ!

Et quel beau rôle pour le Soldat! C'est le devoir poussé au-delà de la victoire elle-même. Quand tout est fini, quand le champ de bataille appartient au vainqueur, avant de se reposer, il s'impose un devoir sacré : panser de ses propres mains les blessures que ses armes ont faites : HOSTES, DUM VULNERATI, FRATRES. Voilà le devoir de l'armée moderne, et par dessus tout le devoir du soldat français; le respect et le soin des blessés de l'ennemi. C'est là le plus noble et le dernier fleuron de sa couronne martiale. Les anciens étaient braves et stoïques, le courage n'est pas nouveau, mais, pour les fils des vainqueurs de Bouvines, de Fontenay, d'Austerlitz et de Magenta, soldats eux aussi à COULMIERS, à TUYÈN-QUAN et à FORMOSE, ce n'était pas assez, il fallait être magnanimes; ils le furent et ils le seront encore pour l'honneur de la vieille France refondue au creuset de cette patriotique effusion de la charité internationale. Je me résume en deux mots : En imposant au vainqueur le respect du vaincu, à la force brutale la force de l'idée, « LA CROIX-ROUGE, comme le disait avec tant de grandeur votre ancien Président, M. le DUC DE NEMOURS (4), auquel je suis heureux de renouveler en

(4) Président de la Société depuis 12 ans, M. LE DUC DE NEMOURS a donné sa démission par lettre du 24 juin 1886. Voulant l'attacher étroitement à une œuvre à laquelle il avait consacré une partie de sa vie, dans sa séance du 25 juin 1886, le Conseil central a acclamé M. LE DUC DE NEMOURS président d'honneur et élu président, en son remplacement, M. LE MARÉCHAL DE MAC-MAHON, DUC DE MAGENTA.

ce moment l'hommage de votre respectueux souvenir, EST DEVENUE DANS L'ORDRE MORAL LE PROGRÈS QUI HONORERA LE MIEUX NOTRE SIÈCLE » (5). (*Assentiment général*).

La **Société française de secours aux blessés militaires** et le COMITÉ DÉPARTEMENTAL DE LA GIRONDE ont-ils su, depuis qu'ils existent, pendant l'année terrible comme depuis, accomplir utilement la lourde mission que de sévères événements leur ont inopinément imposée ? Qu'il me soit permis de l'examiner avec vous.

(5) *Bulletin de la Société n° 87*, page 20.

I

Société Française

Le 22 août 1864, neuf gouvernements, Messieurs et chers Collègues, signaient la Convention de GENÈVE qui « NEUTRALISAIT LES MALADES ET LES BLESSÉS DES » ARMÉES, LES AMBULANCES, LES HOPITAUX MILITAIRES, » LE PERSONNEL QUI Y ÉTAIT EMPLOYÉ, L'HABITANT » QUI AVAIT RECUEILLI LES BLESSÉS DANS SA MAISON ». Depuis cette époque, de nouveaux Etats ont adhéré à la Convention de Genève; le nombre aujourd'hui s'élève à trente-deux. La Convention de GENÈVE était à peine signée qu'une Association se constituait sous le nom de **Société française de secours aux blessés des armées de terre et de mer.** C'était la France qui, faisant entrer dans la pratique sa vieille initiative de 1743, s'affirmait la première dans la voie ouverte par cet engagement international. Un Décret impérial, en date du 23 juin 1866, reconnaissait comme établissement d'utilité publique la **Société française de secours aux blessés militaires.** L'année suivante, la **Société française** figurait avec honneur à l'Exposition universelle. Ses premiers présidents furent les généraux COMTE DE GOYON et DUC DE FEZENZAC, le COMTE DE FLAVIGNY, ancien pair de France.

En 1867, on se préparait à soigner les blessés sans croire beaucoup à la guerre, au moins sans la croire prochaine. Le rêve fut de courte durée, et trois années ne s'étaient pas écoulées que la guerre éclatait entre la France et l'Allemagne. Quand la guerre fut déclarée, la **Société française** n'avait pas de fonds, disait au Havre, le 9 août 1884, l'éminent DOCTEUR RIANT, vice-président du Conseil central. « Elle n'avait pas de » matériel de secours, elle n'avait pas de personnel, elle » n'avait de centres d'action que sur quelques points du » territoire. Des fonds, la charité publique lui en » apporte : matériel, personnel, organisation, sous » l'énergique présidence du COMTE DE FLAVIGNY, assisté » du COMTE DE BEAUFORT, secrétaire-général, elle » improvise tout. Sans doute, il y aura des fautes, » des erreurs, des insuffisances. Comment pourrait-il en » être autrement? Mais qu'on fasse cette part néces- » saire aussi libéralement ou aussi hostilement qu'on » voudra, il y a des faits acquis ; c'est que la **Société** » **française** a, du jour au lendemain, fondé plus de » quatre cents Comités en France, qu'elle a réuni 15 » millions, fait paraître des ambulances volantes sur tous » les champs de bataille, créé partout des établissements » hospitaliers temporaires, transporté, soigné, rapatrié » un nombre considérable de blessés et malades, trans- » mis des nouvelles des blessés à leurs familles, envoyé

» des secours aux prisonniers, et enfin, grâce au » dévouement et au savoir des médecins et chirurgiens » qui lui ont offert leur concours, grâce au patriotisme » des hommes dévoués, des femmes généreuses qui ont » accepté les humbles fonctions d'aides ou d'infirmiers » dans ses ambulances, la **Société** a sauvé des milliers » de vies, chères au cœur de la France et précieuses pour » son honneur. La paix signée, le rôle de la Société » était-il fini? Non, il lui fallait soulager de douloureuses » misères, suite naturelle de la guerre : misères du » blessé, du malade, incapacité de travail; misères de » ceux qui l'entourent, nouvelles victimes dont le pain, » dont la vie dépendent de ce mutilé, pour longtemps, si » ce n'est pour toujours, infirme et condamné à l'inaction! » Enfin, malgré tant de dévouements, la guerre a fait son » œuvre, et beaucoup ont succombé, la **Société française** honore ces morts tombés au service du pays (6), » soit en élevant 171 tombes à l'étranger qui rappellent des dévouements glorieux, soit en fondant des » services commémoratifs pour ces héroïques défenseurs » de la patrie ; aucun de ceux qu'elle n'avait pu sauver » ne devait rester sans prières ni sans honneurs. » Quelques chiffres pris dans le compte rendu des opérations de la **Société** en 1884, achèveront de faire voir l'action de la **Société** à l'égard des victimes de la guerre de 1870 : En mettant fin aux hostilités, la paix, quelle que soit son heure, ne termine pas les maux engendrés par la guerre ; et bien longtemps encore ses

(6) *Voir Bulletin n° 15*, 1872. — Rapport sur l'œuvre des tombes des soldats et marins français décédés en captivité. Cette œuvre, qui a pourvu dans 171 localités au respect des morts, a fondé 50 anniversaires religieux.

inévitables effets se feront douloureusement sentir à ceux qu'elle a frappés. C'est ainsi qu'après quatorze années, plus de deux mille demandes émanant de victimes de la guerre de 1870-71, et soutenues par les titres les plus touchants, ont encore passé dans le cours du dernier exercice sous les yeux du Comité central, toujours si dévoué à sa laborieuse tâche.

Si, depuis 1871, la France n'a pas eu *officiellement* la guerre, des expéditions lointaines ont eu lieu, qui pour n'être que des « représailles », n'en ont pas moins été à la fois bien dures et bien meurtrières pour nos soldats et marins. Dans ces expéditions lointaines, il n'était pas permis à la *Société de la Croix-Rouge* de reprendre, avec les leçons de l'expérience, son rôle de 1870. Elle a voulu au moins, dans la mesure du possible, venir en aide aux malades, hélas ! trop nombreux. Dans le compte rendu que nous avons déjà cité, le CONSEIL CENTRAL résume ainsi les mesures prises en faveur des blessés et des malades des corps expéditionnaires :

« Par toutes les voies qui nous étaient ouvertes, au Tonkin comme à Formose, où nous avions pour distributeurs de nos dons l'illustre et à jamais regrettable Amiral COURBET, commandant l'escadre, et le général commandant en chef ; dans la Cochinchine française, à Saïgon, par le mandataire que nous avions personnellement délégué ; sur le territoire français, par notre Conseil et nos Comités à l'égard des rapatriés convalescents, la **Société française** a conscience de n'avoir rien négligé, dans la mesure autorisée, pour venir en aide à nos braves soldats.

» En cas de guerre continentale, la **Société** peut être appelée à seconder le service de santé dans toutes les branches de son fonctionnement ; elle peut organiser des secours auxiliaires à côté des secours officiels ; mais pour des expéditions où le pays n'engage que des forces relativement restreintes, elle ne doit pas franchir les limites des distributions extra-réglementaires. Nous avons fait, à cet égard, des expéditions considérables. Nous avons envoyé à ces hommes, aussi éprouvés par le climat que par les difficultés de la campagne, des cordiaux, des conserves de choix, du linge et des lainages ; à ces hommes si loin de la patrie et que la nostalgie pouvait gagner, des éléments de distraction ; toutes choses, en un mot, rappelant les attentions et les soins de la famille absente.

» Parfois aussi, sur des invitations spéciales ou pour répondre à des besoins que les circonstances recommandaient, nous avons compris dans nos envois des objets d'un autre caractère, tels que pièces de pansements, des appareils coûteux, des éléments de couchage instantané ; — et de Saïgon, plus à portée de satisfaire à des nécessités imprévues, des substances pharmaceutiques, des subsides en argent, jusqu'à des fruits et des légumes frais. . . . .

» Nous avons la certitude que tous nos dons sont exactement arrivés à destination.

» Les rapports du correspondant de la **Société française** pour la Cochinchine nous montrent notre Société très active dans la colonie : soit qu'à la demande du commandement elle fasse sur place des acquisitions qu'elle lui transmet; soit qu'elle distribue des secours en argent aux blessés évacués sur l'hôpital de Choquan et l'hôpital maritime de Saïgon ; soit enfin qu'elle vienne, à bord des navires de passage, le *Mytho*, l'*Annamite*, le *Bien-*

Hoa, la *Nive*, faire à nos blessés rapatriés des distributions de toute nature : argent, vêtements, fruits, tabac et cigares, et mille autres menus objets propres à ranimer le convalescent ou à le distraire. Le total des dons de la Société de secours s'est élevé à 131,000 fr. pour cette année seulement. Depuis le début des hostilités, il n'est pas inférieur à 212,000 francs.

» Sur cette somme, 70,000 fr. environ ont été prélevés en faveur des blessés et des malades du corps expéditionnaire de Madagascar. La **Société** a considéré que les épreuves auxquelles est exposée cette petite troupe si courageuse, appelaient sur elle les sympathies les plus vives et lui donnaient droit à une part dans les offrandes dues à la générosité nationale..... »

En résumé, la **Société de secours**, depuis le débu tde l'expédition du Tonkin jusqu'en mai 1885, a recueilli plus de 325,000 francs.

Depuis cette époque, un nouveau compte rendu a été présenté par la **Société française**, il porte à 430,000 francs environ les sommes recueillies en faveur des blessés du Tonkin, et ce chiffre est dépassé maintenant et atteint certainement le demi-million. Pendant l'exercice 1885, près de 170,000 francs ont été distribués aux blessés du Tonkin et de Madagascar, de sorte que le total des dons, depuis le commencement des hostilités, s'élève à plus de 350,000 francs. Aussi comprend-on facilement que, dans un ordre général daté d'Hanoï, le 3 février, le général commandant du corps expéditionnaire ait signalé « LA SOLLICITUDE INCESSANTE DE LA SOCIÉTÉ FRANÇAISE » et lui ait donné « UN TÉMOIGNAGE

PUBLIC de la reconnaissance des troupes de l'Annam et du Tonkin » (7).

Tout en venant au secours des soldats et marins qui ont montré tant de dévouement dans ces expéditions lointaines, la **Société française** n'oubliait pas qu'il lui fallait surtout, si elle voulait rester digne de sa haute mission, préparer les moyens de secours nécessaires pour assurer d'une manière régulière les services de l'avenir. « La **Société,** dit M. le DOCTEUR RIANT, qu'il faut toujours citer lorsqu'on veut parler avec autorité de nos affaires sociales, n'a pas négligé ce devoir. Deux fois par an, elle transmet au Ministre de la guerre l'état de ses ressources en matériel : matériel du comité central, matériel des comités départementaux. La liste en est longue. Elle comprend, en grand nombre, des voitures spéciales pour le transport des blessés assis ou couchés, des fourgons pouvant recevoir la même destination, des modèles de wagons disposés pour faire partie d'un train sanitaire-type : wagons communiquants, avec différents modes d'aménagement ou de suspension de brancards ; wagon-cuisine ; des milliers de brancards ; de très nombreux appareils permettant d'approprier instantanément une voiture quelconque, un wagon ordinaire pour le transport des grands blessés : tous engins indispensables, soit pour conduire les blessés et les malades des gares où nous les recevons aux établissements hospitaliers que nous sommes chargés de préparer (art. 2 du décret du 3 juillet 1884),

(7) Lire les Ordres généraux de M. le général Warnet, datés d'Hanoï le 3 février 1886, la lettre de M. le général Jamont en date d'Hanoï, 30 août 1886, ainsi que la lettre de M. le général Boulanger, ministre de la guerre (26 octobre 1886).

et de ces établissements aux gares quand le blessé est guéri ou évacué sur un autre point; soit pour le service des évacuations confié aux soins de la Société (article précité).

» Enfin, le service des établissements hospitaliers exige des approvisionnements considérables de tentes, de baraquements, de lits: lits d'hôpitaux préparés d'avance, types de lits d'une improvisation facile et pouvant être fabriqués partout avec les ressources locales, quant aux matériaux et à la main-d'œuvre ; un approvisionnement de toiles façonnées pour faire extemporanément des matelas, des traversins, des oreillers...; il faut des draps, des serviettes en nombre ; tout un matériel de lingerie de corps et de pansement aussi respectable par le nombre des objets que par le soin avec lequel tout cela a été préparé, suivant les indications médicales, par nos comités de dames de Paris ou des départements. »

Du reste, le matériel de la **Société française de secours aux blessés** lui a valu le grand diplôme d'honneur à l'exposition de Vienne en 1873, un diplôme équivalent à l'exposition de Paris en 1878, et un grand diplôme d'honneur à celle d'Anvers en 1885. De plus, deux médecins militaires, chargés d'inspecter le dépôt de Boulogne, et qui cependant avaient pu, dans une mission, admirer les immenses approvionnements de matériel sanitaire exposés par les Etats et les sociétés de secours de l'Allemagne et de l'Autriche-Hongrie, furent frappés de l'importance des moyens de secours réunis dans les magasins de la **Société française,** s'étonnant surtout de ce que c'était l'œuvre des seules ressources de la charité privée.

Les résultats acquis n'empêchent pas, Messieurs et chers Collègues, les comités de la Société d'étudier les améliorations possibles ; à côté du matériel ordinaire, il y a le matériel spécial à certaines régions. Ainsi, la Société s'occupe des ambulances flottantes et du transport des blessés par eau. En temps de guerre, les routes et les voies ferrées sont encombrées par le passage des troupes, des vivres et des munitions. Les voies navigables sont abandonnées par le commerce et l'industrie. N'est-ce pas le cas de s'en servir pour le transport des blessés, d'autant que nulle autre voie n'égale la douceur de celle-ci ? L'Angleterre en a fait l'expérience lors de sa campagne d'Egypte, où l'on a pu juger de la rapidité et de la valeur du repatriement par eau des blessés et des malades. « Les hommes blessés à Tell-el-Kébir le 13 septembre, dit le professeur Longmore, étaient confortablement couchés dans leur lit en Angleterre, le 30 du même mois, après avoir parcouru une distance de 3,000 milles. »

Mais, avec le matériel même le plus complet et le plus perfectionné, il faut le personnel nécessaire pour le mettre en œuvre, et quoique la bonne volonté ait ici sa grande place, un semblable personnel ne s'improvise pas de toutes pièces; il y faut l'expérience. La **Société française** s'est occupée du recrutement du personnel, et dans plusieurs Comités, comme au Conseil central, l'instruction des différentes catégories de personnel (brancardiers, infirmiers, infirmières, surveillants, surveillantes des établissements hospitaliers) est donnée par l'élite des médecins et des chirurgiens attachés à l'œuvre. Cet enseignement est triple ; ce sont les brancardiers qui doivent être rompus à l'avance au maniement des engins de secours de la Société ; ce sont les infirmiers et infirmières; rappelons à cette occasion une déclaration enthousiaste d'un médecin anglais : « Pour soigner des blessés, douze infirmiers ne valent pas une infirmière ; » enfin, il faut des personnes pour la surveillance, qui auront, sous la direction du médecin, l'autorité, la responsabilité. A ces dernières, des notions d'hygiène générale sont nécessaires pour donner une bonne direction hygiénique.

Résumant ce qui a été fait pour la préparation et l'enseignement du personnel, le Conseil central dit, dans son compte rendu de l'année 1884 :

« Comme à Paris, la **Société française** continue en province, avec l'aide de 110 Comités d'hommes et de 40 Comités de dames, à multiplier, par un enseignement populaire les groupes de dames infirmières et de brancardiers instructeurs. Le dévouement de nos médecins assure à nos comités de Lille et de Marseille, de Lunéville et de Laon, des écoles florissantes. L'école de Nancy maintient toujours son rang, Bordeaux marche sur ses traces. Prouvant qu'elle enseigne par le livre non moins que par la parole, notre Société a eu l'honneur de voir les leçons de son maître reproduites en un beau manuel, dont le Conseil a été heureux d'encourager la publication et qui a trouvé, non seulement auprès de nos comités de province, mais à l'étranger même, l'accueil le plus flatteur. A Rouen, Chalon-sur-Saône, Vesoul et Bar-le-Duc, s'ouvrent de nouvelles écoles, et parmi les récents et les meilleurs exemples, nous voyons le vaillant comité de Grenoble appeler hommes et femmes aux cours les plus variés, et compter, à sa séance d'ouverture, plus de 80 auditeurs. »

Dans le même compte rendu, nous relevons le récit de la belle conduite des membres du Comité de Marseille et de son personnel infirmier pendant la dernière épidémie cholérique :

« Réunis sous une tente dressée sur une des places de la ville, ces hommes courageux se tenaient prêts à toute réquisition et purent ainsi donner leurs soins à 250 malades. Le Président du Comité, qui dirigeait leur dévouement, vit son fils, placé comme eux sous ses ordres, frappé du fléau presque mortellement. Ce jeune homme, guéri d'une manière inespérée, s'empressa de revenir au poste qui avait failli lui coûter la vie. » (*Applaudissements répétés*).

Outre le matériel et le personnel, il faut le nerf de la guerre, l'argent; mais la **Société de secours aux blessés** n'en a pas manqué et n'en manquera pas; elle compte sur la générosité française et sur son crédit. Comme nous l'avons déjà dit, en 1870 elle n'avait presque rien en caisse, et elle réunit près de 15 millions. Son actif social s'élève du reste en ce moment à QUATRE MILLIONS.

La **Société française** s'occupe encore, Messieurs et chers Collègues, de la grosse question DES TRAINS D'ÉVACUATION. Dans une étude fort intéressante, publiée ces jours derniers dans le *Moniteur Universel*, le colonel Corbin dit à ce sujet :

« C'est en octobre dernier seulement que le mode
» de transformation des wagons à marchandises en
» wagons à blessés, transformation bien simple cepen-
» dant et dont d'excellents modèles existent à l'étran-

» ger, a été enfin adopté. La compagnie de l'Ouest » construit actuellement un train type qui sera terminé » et expérimenté en mai, et si le résultat de l'expé- » rience est satisfaisant, on en construira quatorze dans » les conditions que nous avons dites autrefois, à » raison de 2 par chacune des 7 grandes compagnies. » Si les Sociétés de la Croix-Rouge peuvent, de leur » côté, en fournir deux, cela fera 16 trains, et l'on s'en » contentera, quoique cela nous semble, à nous, fort » insuffisant, chaque train ne pouvant transporter que » 100 blessés environ. »

Tout en admettant qu'il peut ne pas être sans intérêt, dans certaines circonstances, de posséder quelques trains sanitaires, nous ne partageons pas les regrets du colonel Corbin ; nous croyons que l'on fait sagement de n'en organiser qu'un nombre très restreint. La guerre de 1870-71 a fait voir que les trains de ce genre ne pouvaient jamais arriver en temps utile sur le théâtre des opérations. A Wissembourg les trains spéciaux ne purent approcher et s'en retournèrent : à Metz, les trains spéciaux mirent cinq jours pour franchir les deux ou trois étapes qui les séparaient du point de chargement, et il n'y a qu'un moyen réellement pratique d'assurer l'évacuation des malades et des blessés, c'est l'utilisation des wagons de toute nature qui, après avoir porté à l'armée, hommes, chevaux, vivres et munitions, s'en retournent à vide. L'ingénieux système imaginé par le colonel Bry, pour la transformation immédiate des wagons à marchandises en voitures à malades — système adopté d'ailleurs par l'administration de la guerre — nous paraît la véritable solution du problème des évacuations. C'est lui seul qui permettra de ramener rapidement en arrière les milliers de malades et de blessés que fourniront ces masses armées que les guerres mettent en mouvement ; les trains sanitaires spéciaux constitueront un appoint utile, mais dont il ne faudrait pas s'exagérer l'importance.

Au point de vue des rapports internationaux, la Société sut toujours montrer qu'elle n'oubliait pas les services rendus à la France dans ses jours d'épreuves.

C'est ainsi qu'en 1878 elle fit parvenir aux blessés des armées RUSSES et des armées OTTOMANES : 400,000 fr. de dons provenant d'une souscription publique.

Ajoutons à cet intéressant bilan deux fondations nées au contact de la SOCIÉTÉ FRANÇAISE, et dues à l'infatigable activité de MM. les comtes de RIENCOURT et SÉRURIER. Nous voulons parler de l'ŒUVRE DES PENSIONS MILITAIRES, fondée en 1872, et de celle du MUSÉE INTERNATIONAL DE LA CROIX-ROUGE. L'ŒUVRE DES PENSIONS rend d'incontestables services, en aidant les ayant-droit dans les réclamations qu'ils adressent au Ministre de la Guerre. Le MUSÉE INTERNATIONAL DE LA CROIX-ROUGE, qui date de 1867, réunit, dans une intelligente ordonnance, des objets de matériel sanitaire des armées de terre et de mer de tous les pays. C'est une sorte de Conservatoire, grâce auquel on peut poursuivre des expériences et des études comparatives en vue d'améliorer les conditions de transport et de traitement des blessés et des malades en temps de guerre. Le MUSÉE INTERNATIONAL est administré par un Comité à la tête duquel est le COMTE SÉRURIER et dont font partie des délégués de toutes les puissances. Ces délégués sont actuellement les attachés militaires à Paris de l'Angleterre, de l'Allemagne, de l'Autriche-Hongrie, de la Russie, de l'Italie, du Portugal, de la Suède et de la Norwège. Nos ministres de la guerre et de la marine y sont représentés par des médecins militaires. Le MUSÉE INTERNATIONAL de la Croix-Rouge est installé à l'Hôtel des Invalides, non loin du Musée d'artillerie. Ici, l'antithèse de rigueur. A côté du matériel qui fait les blessures, celui qui sert à les guérir.

Un point très important, c'était de régler la situation militaire, si je puis me servir de ce qualificatif pour bien rendre ma pensée, de la **Société** et de ses ambulances devant les Autorités militaires; en 1870, tout a été improvisé, non sans difficultés; mais les leçons de l'expérience doivent éclairer pour l'avenir. Tout est réglé maintenant. Dès 1878, un Décret avait constitué la **Société française** l'auxiliaire permanente du service de santé des armées de terre et de mer, dispensatrice à leur égard des ressources de l'assistance volontaire. En 1883 est intervenue une décision du MINISTRE DE LA GUERRE, suivie du Décret du 3 juillet 1884, portant règlement pour le fonctionnement de la **Société de secours aux blessés militaires**, Décret dont voici les principales dispositions :

« Article 1er. — La **Société française** de secours aux blessés des armées de terre et de mer est autorisée à seconder, en temps de guerre, le service de santé militaire et à faire parvenir aux malades et blessés les dons qu'elle reçoit de la générosité publique.

» Pour l'accomplissement de cette mission, elle est placée sous l'autorité du commandement et des directeurs du service de santé.

» Article 2. — L'intervention de ladite **Société** consiste, en temps de guerre : 1° à créer dans les places de guerre et les localités qui lui sont désignées par le Ministre de la guerre ou les généraux commandant le territoire, suivant le cas, des hôpitaux destinés à recevoir les blessés et les malades appartenant aux armées; 2° A PRÊTER SON CONCOURS AU SERVICE DE L'ARRIÈRE EN CE QUI CONCERNE LES TRAINS D'ÉVACUATION, LES INFIRMERIES DE GARE ET LES HÔPITAUX AUXILIAIRES DU THÉATRE DE LA GUERRE. Ce concours ne peut être étendu ni au service de première ligne, ni aux hôpitaux d'évacuation, dont demeure exclusivement chargé le service de santé militaire.

» Article 3. — Toutes les associations qui pourraient se former dans le même but et qui ne seraient pas reconnues comme établissements d'utilité publique, devront être rattachées à la **Société de secours** et seront, dès lors, assujetties aux dispositions du présent règlement.

» Article 18. — Les délégations des sociétés de secours étrangères ne pourront être admises à fonctionner concurremment avec la Société française, que sur une autorisation formelle du Ministre de la guerre, et avec la réserve de se placer sous la direction de cette Société.

» Article 20. — Les dispositions du présent décret sont, en tenant compte de la spécialité du service maritime, applicables dans les ports militaires, dans les colonies, ainsi que dans les pays étrangers, pendant les expéditions maritimes. »

Ce règlement constitue à la **Société française de secours aux blessés** *une situation exceptionnelle*, qui se justifie et par les services que cette

Société a rendus et pourra rendre encore, et par la nécessité absolue de maintenir entre des mains viriles les services de l'arrière, des trains d'évacuation, des infirmeries de gares et des hôpitaux auxiliaires du théâtre de la guerre.

Mentionnons encore : 1° une *Décision Ministérielle* du 18 août 1879 insérée au *Journal militaire*, 1879 n° 47, règlementant le costume de votre personnel en *temps de guerre*; 2° le *Règlement sur le Service de santé de l'armée*, 11me partie, titre VI, page 80, déterminant les rapports de la Société avec le Commandement. Aux termes de ce règlement (article 100) : la **Société française** peut même être employée à relever LES HÔPITAUX DE CAMPAGNE.

En résumé, Messieurs et chers Collègues, la **Société française** est la seule de toutes les SOCIÉTÉS D'ASSISTANCE MILITAIRE (8) QUI SOIT APPELÉE PAR LES RÈGLEMENTS OFFICIELS A PRÊTER EN TEMPS DE GUERRE A L'AUTORITÉ MILITAIRE UN CONCOURS COMPLET.

Elle est représentée dans chaque armée ou corps opérant isolément par un délégué investi d'une commission ministérielle, et qui n'agit qu'après avoir obtenu l'assentiment des chefs militaires.

Son personnel, lorsqu'il est employé aux armées, porte un uniforme spécial et EST SOUMIS AUX LOIS ET RÈGLEMENTS MILITAIRES. Il est justiciable des Tribunaux militaires, par application des articles 62 et 75 du Code de Justice militaire.

(8) Les décrets des 16 novembre 1886 et 21 janvier 1887 rélatifs à l'*Association des Dames françaises* et à l'*Union des Femmes* de France, limite l'action de ces deux Sociétés à la création d'hôpitaux auxiliaires dans les places qui leur sont désignées et à la transmission des dons qu'elles reçoivent de la générosité publique.

Enfin, c'est à la **Société française** seule que doivent être rattachées les ASSOCIATIONS formées dans le même but et non reconnues ÉTABLISSEMENTS D'UTILITÉ PUBLIQUE, et c'est UNIQUEMENT sous sa direction que seront placées les délégations des sociétés étrangères admises à fonctionner à ses côtés. Ce sont là des privilèges personnels qui assurent, entr'autres prérogatives, à la **Société française** un honneur tout INDIVIDUEL dont elle est justement fière : LE DROIT D'ALLER AU FEU ! (Art. 157 du Règl. de service de santé d'armée, p. 81).

Tel est à grands traits l'état des services rendus au Pays, de 1866 à 1887, par « CETTE PUISSANTE INSTITUTION qui, comme le disait M. DE MARCÈRE, Ministre de l'intérieur, dans son rapport à M. le Président de la République en exécution de la Loi du 4 avril 1873, « a » été VUE SUR TOUS LES CHAMPS DE BATAILLE portant » partout des secours, des vivres, des médicaments, » des consolations, donnant à tous indistinctement le » secours de sa charité éclairée et vigilante ». En face d'un tel passé, **la Société française** n'a-t-elle pas le droit de regarder l'avenir avec confiance ? En présence de ce long et touchant historique, **la Société française** n'a-t-elle pas le droit d'être fière de sa Croix-Rouge ? (*Applaudissement général*).

II

Du Comité départemental de la Gironde

Le Comité départemental de la Gironde se constitua le 19 juillet 1870, sous la présidence de M. le MAIRE DE BORDEAUX (9), pour « VENIR EN AIDE A SES COMPATRIOTES QUI, AU PÉRIL DE LEUR VIE, ALLAIENT, nous l'espérions, hélas! FAIRE TRIOMPHER LE DRAPEAU DE LA FRANCE » (10). Les premiers vice-présidents furent MM. PAUL MESTREZAT, consul de la Confédération helvétique, AUTRAN, commissaire général de la Marine, CORTÈS, président de la Chambre de commerce, EMILE FOURCAND, président du Tribunal de Commerce, PIRONEAU, intendant militaire, L. DE VILLERS, trésorier général; son premier secrétaire général, M. le Vte DE PELLEPORT-BURÈTE; son premier trésorier, M. E. DE BOISSAC.

(9) MM. E. DE BETHMANN, 1870.
E. FOURCAND, 1870-1874.
Vicomte DE PELLEPORT-BURÈTE, 1874-1875.

(10) Manifeste du Comité, 19 Juillet 1870.

Pendant toute la période militaire, les services que rendit aux Girondins votre Comité départemental furent très importants et l'honneur en revient à M. PAUL MESTREZAT qui assuma sur lui, en qualité de premier vice-président, toutes les responsabilités de la présidence et cela jusqu'en 1875 où il fut appelé à la présidence. Permettez-moi de réveiller en quelques mots le souvenir de ces services, peut-être déjà oubliés.

A Coulmiers et au Mans, DEUX AMBULANCES DE GUERRE, envoyées par la Gironde, rendirent, sous les généreuses directions de FRANCIS DE LUZE (11) et de PAUL GROSSARD, de considérables services. DE LUZE mourut sur le champ de bataille, victime de son dévouement à l'humanité. Paul Grossard, plus heureux quoique non moins dévoué, échappa à la mort, mais fut fait prisonnier. La croix de la Légion d'honneur honora en sa personne notre Société (12) (*Applaudissements répétés*).

Dans Bordeaux, l'HOSPITALISATION SÉDENTAIRE prit des proportions inattendues.

27,093 malades, représentant **365,050** journées de présence, furent soignés directement par votre assistance, dans 66 ambulances urbaines, et **520,210** francs

(11) Francis de Luze appartenait à l'une des familles les plus honorables de Bordeaux, il était l'allié du COMTE DE FLAVIGNY, président de la Société, et de M. VERNES D'ARLANDES, l'un des Administrateurs les plus dévoués de notre œuvre ; il mourut à La Flèche le 15 février 1871 et fut remplacé dans la direction de l'ambulance par M. A Labadie.

(12) Furent nommés à la même époque chevaliers de la Légion d'honneur pour services rendus à la France, les Bordelais dont les noms suivent : MM. PAUL MESTREZAT, président du Comité départemental; E. DE BOISSAC, trésorier; docteur DE LACAUSSADE, médecin en chef du Comité ; A. LABADIE directeur, et docteurs LANDE et DEMONS, médecins de l'ambulance Girondine.

dépensés pour ce service. A ces **27,093** malades, il faut en ajouter **907** autres ayant fourni **21,856** journées et qui furent recueillis dans **27** ambulances spéciales établies sous votre patronage, ce qui donne un total général de **28,000** malades, de **386,906** journées et de **98 ambulances** (13).

La paix conclue, 25,012 fr. 50 furent employés à envoyer des malades aux eaux thermales.

Mais ce ne fut pas tout, les dons en nature s'élevèrent à **1,505** barriques de vin, **5,815** bouteilles de vin, **1,158** bouteilles d'eau-de-vie, etc., etc. Les ambulances de ville absorbèrent à elles seules **315** barriques, et **5,128** bouteilles de vins et liqueurs. M. Emile Fourcand, maire de Bordeaux, avait donc raison, lorsque, le 19 mars 1872, il écrivait au Vicomte de Pelleport, votre secrétaire général : « Permettez-moi » de consacrer a nouveau l'hommage que l'opinion » publique a décerné a ceux qui n'ont pas un seul » instant failli dans l'accomplissement si pénible » de la mission qu'ils s'étaient imposée. »

Cette revue rétrospective, Messieurs et chers Collègues, serait incomplète si nous ne parlions de tous les objets de literie, habillement et pansement fournis par le Comité à des corps de troupes en campagne, aux diverses ambulances régionales, ainsi qu'aux pays envahis. On remarque dans les états de ces dons, **12,935** chemises, **8,000** paires de chaussettes, **3,014** kilos de charpie, **31,000** bandes, **74,000** compresses,

(13) Mentionnons encore un service général de **1,040 lits**, organisés et entretenus par la Société des Dames des médecins bordelais. Présidente, Mme Méran.

1,450 appareils pour fractures, **31,460** écharpes, **6,394** cartouches à pansement, etc., etc.

Pendant la guerre, vous constituâtes encore deux Œuvres : celle des PRISONNIERS et des PAYS ENVAHIS, qui eurent pour insignes une CROIX BLEUE et une CROIX VERTE ; ces deux Associations toutes spéciales à Bordeaux rendirent de grands services par l'activité de leurs interventions.

De 1872 à 1886, le Comité de la Gironde a continué son œuvre avec le plus louable empressement. Resté en liquidation possesseur d'un fonds de réserve très important, il a encore rendu tous les services qu'il pouvait rendre, et 140 à 150,000 fr. de dépenses en 14 ans, employés en PENSIONS, SECOURS DIVERS, ALLOCATIONS AUX CORPS DE TROUPES STATIONNÉS DANS LA GIRONDE, ÉDUCATIONS DE PUPILLES, ENVOIS DE VINS, DENRÉES, CONSERVES, AU TONKIN, EN TUNISIE ET MADAGASCAR, ETC., ETC., justifient la confiance dont les Bordelais lui donnent tous les jours des preuves irrécusables. Enfin, Messieurs, votre Comité institua encore dès 1871 un SERVICE COMMÉMORATIF pour le repos de l'âme des militaires morts pendant la guerre, et fit élever à la *Chartreuse*, par un habile architecte, M. MAITRE fils, un monument pour honorer les vertus glorieuses des soldats morts dans vos ambulances. Voilà ce que vous avez fait, sans bruit, dans le calme de vos consciences, pour rester dignes de la confiance de vos concitoyens, et j'en oublie, tant j'ai peur de mettre votre modestie à une trop grande épreuve.

Arrivons maintenant, Messieurs et chers Collègues, à l'ensemble de vos opérations sociales du 1er janvier 1886 à ce jour.

La mort ayant accompli, même avant l'heure, son œuvre fatale, votre Comité n'était plus, en 1886, composé des mêmes éléments qu'en 1870. Aussi vous eûtes la bonne pensée, l'an dernier, pour combler ces vides regrettables, de faire appel à des dévouements nouveaux. Un Règlement préparé dans le sens le plus libéral, voté le 14 avril 1886, fut approuvé le 19 du même mois par le CONSEIL CENTRAL et visé le 7 mai par M. le PRÉFET DE LA GIRONDE. Ce Règlement est devenu la règle constitutive de vos travaux.

Aux termes de ces nouvelles dispositions statutaires, votre Comité, placé sous le HAUT PATRONAGE DES AUTORITÉS MILITAIRES, RELIGIEUSES ET CIVILES de la Gironde, s'est empressé de rechercher des adhésions dans tous les rangs de notre population. Ses efforts ont été couronnés de succès. Votre Association compte dans son sein, au moment où nous parlons, 430 SOCIÉTAIRES, et parmi eux des personnalités importantes qui prendront une part d'autant plus active à vos travaux qu'elles vous connaîtront mieux.

La meilleure preuve de cet empressement à vous venir en aide, c'est le don si gracieux de 500 francs que vient de vous adresser l'ASSOCIATION BORDELAISE DES OFFICIERS DE RÉSERVE ET DE L'ARMÉE TERRITORIALE ET DES ASSIMILÉS. Interprète de vos sentiments de reconnaissance, je remercie son dévoué Président, M. le colonel MERLIOT, de cette haute marque de sympathie (*Applaudissements*).

Pendant le cours de cet exercice vous avez, comme les années précédentes, fait pour le compte du Conseil central, des envois au TONKIN et accordé aux CORPS DE TROUPES stationnés dans la Gironde les allocations ordinaires;

Assuré l'entretien de vos DEUX JEUNES PUPILLES, accordé des SECOURS nombreux à des victimes de la guerre de 1870 et des diverses expéditions militaires ; souscrit au MONUMENT à ÉLEVER à CAUDÉRAN (Gironde) en l'honneur des soldats morts dans les ambulances de cette commune pendant la guerre ; fait célébrer en l'Église Primatiale le SERVICE ORDINAIRE pour le repos de l'âme des militaires morts pour la Patrie ;

Conféré à M. PAUL MESTREZAT, en récompense de ses longs services, le titre de *Président honoraire* et délivré à vos Sociétaires des brevets devant, en cas de guerre, servir de lettres de service.

L'année 1886-1887 a encore été marquée par des actes très essentiels, dont le CONSEIL CENTRAL, dans des TERMES CHALEUREUX, vient de charger la Délégation de vous remercier. Comprenant, par de récentes émotions, que votre rôle pouvait devenir subitement actif et que vous étiez tenu, le cas échéant et en exécution du Décret de 1884, de prêter votre concours à l'Autorité militaire, pour assurer le SECOURS DE L'ARRIÈRE EN CE QUI CONCERNE LES TRAINS D'ÉVACUATION, LES INFIRMERIES DE GARE ET LES HÔPITAUX AUXILIAIRES DU THÉATRE DE LA GUERRE; qu'il y avait lieu en un mot de songer à une MOBILISATION possible ; vous avez, en Janvier 1887, décidé l'achat d'un MATÉRIEL D'AMBULANCE DE GUERRE composé de plusieurs voitures ainsi que la reconstitution de votre réserve en instruments de chirurgie (*Adhésions unanimes*). Plus tard, vous avez fait venir de Paris tous les types spéciaux dont vous auriez besoin si la guerre venait à éclater. Les ressources industrielles dont dispose personnellement BORDEAUX étant considérables, vous pouvez aujourd'hui, grâce à l'industrie locale avec laquelle vous vous êtes entendus, parer à toutes les éventualités par *de rapides transformations* déjà arrêtées en principe. Aucun imprévu fâcheux ne peut donc maintenant vous surprendre.

Ce n'est pas tout. Votre Comité des Dames, qui date de 1870-1871, placé récemment sous la présidence honoraire de Mme Paul Mestrezat, la présidence de Mme Francis de Luze, et les vice-présidences de Mmes la baronne de Brivazac et H. Gradis, a fait en 1886-87 de précieuses recrues. Ce Comité compte aujourd'hui 104 dames, et parmi elles un grand nombre ont suivi avec assiduité des *cours* spéciaux professés avec une grande autorité, à la *Maison de santé protestante*, par M. le Dr Demons, auquel le Conseil central vient d'adresser ses sincères félicitations. Des diplômes d'aptitude, pour vous conformer au vœu émis par le Congrès de 1886, seront ultérieurement délivrés à ces Dames, après examen devant un jury spécial institué par votre Comité suivant un programme officiel arrêté par votre Bureau sur le rapport du Comité médical (*Applaudissements*).

En 1887, vous avez inscrit également à votre ordre du jour, Messieurs et chers Collègues, la formation d'un corps d'Infirmières, la rédaction d'un livret-matricule, la création d'un insigne plus usuel que le brassard, qui d'ailleurs ne doit se porter qu'à la guerre, ainsi qu'un changement de Siège social en harmonie avec le développement que vont prendre vos divers travaux. Mais là ne s'arrêtera pas l'ensemble de vos travaux pendant cet exercice ; vous aurez encore à organiser les ambulances de gares de la Gironde, à choisir votre personnel actif, à grossir vos réserves en toutes choses, en un mot, à assurer l'ensemble de votre Service auxiliaire. C'est vous dire qu'un vaste champ est, dès à présent, ouvert à votre activité.

Je dois ajouter qu'un COMITÉ MÉDICAL présidé par M. le doyen de la Faculté de médecine et par MM. les DOCTEURS LEVIEUX, président du Conseil d'hygiène, et BOUCHARD, professeur à la Faculté, et composé de notabilités médicales, a été constitué dans les conditions les plus flatteuses pour votre Comité. Avec un concours aussi précieux, vous pouvez être certains, et avec vous l'Autorité militaire, que l'hospitalisation préparée par votre Comité sera aussi sérieuse que possible. J'adresse aux Présidents et membres du Comité médical l'expression empressée de votre reconnaissance (*Marques unanimes d'adhésion*).

Je conclus :

Le COMITÉ DÉPARTEMENTAL DE LA GIRONDE se compose aujourd'hui de **430** adhérents ;

LES TYPES DE SON MATÉRIEL DE GUERRE EXISTENT et peuvent rapidement être augmentés ;

Les locaux nécessaires à l'HOSPITALISATION URBAINE SONT NOTÉS ;

Vos DAMES AMBULANCIÈRES sont prêtes ;

Votre COMITÉ MÉDICAL n'attend que votre appel pour agir ;

QUATRE COMMISSIONS SPÉCIALES étudient en ce moment les questions relatives aux FINANCES, aux AMBULANCES, au MATÉRIEL et aux APPROVISIONNEMENTS.

Vous avez enfin, pour parer à une première organisation, **244,480 fr. 04 c.** en réserve.

Forte de cette situation aussi satisfaisante que possible, et certaine de trouver dans le COMITÉ DE LIBOURNE, réorganisé depuis quelque temps par d'intelligentes initiatives, comme dans le dévouement des Comités des LANDES, des HAUTES et BASSES-PYRÉNÉES et des populations de la CHARENTE-INFÉRIEURE, un appui dévoué, la 18e DÉLÉGATION, sans rien précipiter comme sans rien négliger, se tient prête à toutes éventualités (14) (*Applaudissements*).

MESSIEURS ET CHERS COLLÈGUES,

Arrivé au terme de ce rapport, beaucoup trop long, je le crains, permettez-moi, comme Délégué régional, d'user de votre bienveillante hospitalité pour demander à toutes les mères de famille de seconder de leurs efforts les plus chaleureux le développement d'une Société vraiment française destinée à sauvegarder leurs espérances les plus chères. De leur abnégation suprême dépendra la virilité de l'esprit public. L'Armée, à l'heure décisive, comptera dans ses rangs près de DEUX MILLIONS d'hommes ; la Nation entière sera sous les armes, et toutes les victoires, même les plus désirables auront de bien douloureux contre-coups au sein de nos familles. C'est aussi un devoir étroit pour toutes les mères comme pour tous ceux que l'âge met hors des atteintes de la loi, de s'habituer d'ores et déjà à cette éventualité et aussi pour

(14) Le Comité départemental des Basses-Pyrénées présidé par l'honorable docteur Robert, a déjà formé un matériel de guerre important et s'occupe de constituer des réserves en secours de toutes sortes.

en atténuer les terribles effets, de patronner sans réserves les graves intérêts que nous représentons. (*Vives adhésions*). Ce devoir est d'autant plus étroit que le RECRUTEMENT RÉGIONAL S'ACCENTUANT DE PLUS EN PLUS, c'est principalement à leurs enfants que doivent s'adresser les bienfaits de leur puissante intervention.

Il est à ce sujet un courant d'idées absolument funeste, contre lequel je crois devoir réagir avec la plus grande énergie. « A l'heure du danger nous serons avec vous ! » entendons-nous répéter autour de nous ; paroles imprudentes ! Que dirait-on d'un soldat qui refuserait d'apprendre le maniement des armes en répétant sans s'émouvoir : « A l'heure de la bataille comptez sur moi ». En toutes choses l'homme n'est prêt que s'il s'est disposé à la lutte par la réflexion et par l'étude : en fait d'assistance et surtout d'assistance militaire, les Sociétés ne sont prêtes que par une laborieuse organisation préalable ; or, pour atteindre ce résultat essentiel, les efforts du lendemain, même les plus complets, ne suffisent pas, il faut, pour arriver à temps, les efforts de la veille. Rappelez-vous, Messieurs et chers Collègues, « que les jours où les armées se » mobilisent, elles trouvent devant elles (15) un adver- » saire encore plus redoutable que le fer et le feu, » car il ne désarme pas, frappe de jour et de nuit, décime » parfois, force à reculer des troupes jusqu'alors victo- » rieuses ; CET ENNEMI, C'EST LA MALADIE », et demandez-vous si ces réflexions sont exagérées ! (*Applaudissements*).

(15) Docteur MORACHE, *Traité d'hygiène*, 1 vol., Paris 1886, lib. J.-B. Baillière.

Je le dis très haut, Messieurs et chers Collègues, au courant de la pensée, et pour couper court à toutes ces énervantes observations : Ce n'est pas par des revendications tapageuses, souvent éphémères, toujours dangereuses, par des attitudes non suivies d'effets immédiats, que le Patriotisme s'affirme ; c'est par des actes constants, réels et de longue haleine, accomplis dans le silence et la réflexion. Il y a dans notre département **150,000** familles ; l'agglomération Bordelaise, à elle seule, en compte **57,231** (16) qui peuvent, qui doivent, ne serait-ce que par intérêt personnel, vous fournir par leurs adhésions pendant la paix, par leurs dons et souscriptions pendant la guerre, les moyens pécuniaires de créer, à tête reposée et sans précipitations, UN PUISSANT MATÉRIEL DE GUERRE, DE POURVOIR A SON ENTRETIEN et à son renouvellement, D'ÉTABLIR DES CENTRES D'ENSEIGNEMENT, DE CONSTITUER UN PERSONNEL ACTIF, d'organiser les AMBULANCES DE GARE, D'ÉTUDIER LES PROCÉDÉS LES PLUS PRATIQUES et les moins coûteux pour augmenter vos réserves en pansements antiseptiques et autres éléments sanitaires, D'EXPÉRIMENTER, PAR DES ÉTUDES SPÉCIALES, LES VOIES ET MOYENS RELATIFS AU FONCTIONNEMENT des *trains d'évacuation*, de vous OUTILLER en un mot de toutes façons, afin que le secours auxiliaire QU'EN CAS DE MOBILISATION VOUS DEVEZ A L'ÉTAT, soit aussi large que possible. En fait d'assistance, il n'y a jamais assez lors même QU'IL Y EN A TROP ! Je sais qu'on vous dira qu'avec le temps les matériels et les approvisionnements se détériorent, qu'ils coûtent fort cher et qu'il serait peut-être plus prudent de ne pas escompter les événements.

(16) Recensement de 1886.

C'est avec de tels raisonnements, dont la sagesse exagérée frise l'imprudence, qu'un pays, à son grand étonnement, est pris au dépourvu. Soyons prêt et faisons des vœux pour que ce ne soit que le temps qui détruise notre matériel : voilà ce que nous devons souhaiter, rien de plus, mais rien de moins. Notre caisse se sera peut-être un peu vidée, mais la France n'en sera que plus riche. En 1870-1871, l'Allemand, préparé comme toujours de longue main, a dépensé pour ses blessés **70 millions**, et plus de **200,000** individus portaient la CROIX-ROUGE; voilà ce que je sais, et en bon patriote voilà au moins ce que je vous demande d'égaler.

Il ne faut pas, Messieurs et chers Collègues, permettez-moi le réalisme de mes paroles, imiter ces grands faiseurs et ces grands oublieux de vœux, qui « se moquent des Saints, le péril passé »; il ne faut pas donner raison deux fois de suite, en un quart de siècle, aux prophétiques paroles du maréchal Niel; il ne faut pas, dans la crainte de s'alarmer soi-même ou d'alarmer les populations, négliger les précautions nécessaires. A notre époque, qui est trop anxieuse pour écouter les petits esprits et s'occuper des petites choses, chacun doit avoir le cœur fort et se rappeler que le SOUVENIR EST LA SCIENCE MÊME. Mais j'ai foi dans le patriotisme de nos Concitoyens, qui n'a jamais fait défaut aux grandes et généreuses sollicitations. Nos espérances se réaliseront et nos enfants victorieux par leur héroïsme comme par votre assistance, inscriront encore une fois sur le vieux drapeau d'Iéna : VOILA CE QUE DIEU A FAIT PAR LA MAIN DES FRANCS! (*Applaudissements réitérés*).

Bordeaux. — Imp. R. Coussau & F. Coustalat, rue Gouvion, 20.

www.ingramcontent.com/pod-product-compliance
Ingram Content Group UK Ltd.
Pitfield, Milton Keynes, MK11 3LW, UK
UKHW022149170726
13837UKWH00004B/1882